nr 400594

Lobgesänge 2025

Frieder Löhrer

9783769316261

Bibliografische Information der Deutschen Nationalbibliothek:
Die Deutsche Nationalbibliothek verzeichnet diese Publikation
in der Deutschen Nationalbibliografie; detaillierte
bibliografische Daten sind im Internet über http://dnb.dnb.de
abrufbar.

Verlag: BoD · Books on Demand GmbH, In de Tarpen 42,
22848 Norderstedt
Druck: Libri Plureos GmbH, Friedensallee 273,
22763 Hamburg
ISBN: 978-3-7693-1626-1

VORWORT

Welch einen Segen ich erfahren durfte.

Inzwischen das fünfte Jahr, weitersuchend weitergezogen, inzwischen auf dem Weg aus der Callejón de Jerusalén in Santiago über Sevilla wieder mit dem Ziel Jerusalem. Weiter im Austausch mit Rabbi Yuval Lapide, der seinem Nachnamen ‚Fackel' Ehre macht. Ein feuriger Mensch, beseelt vom Wirken Gottes.

Lobgesänge entwickeln sich während des Laufens in mir und suchen ihren Weg auf dieses Papier.

Weiterhin lebe ich in der Vorstellung, jedes Jahr einen neuen Band mit 12 Lobgesängen zu erstellen.

Ich hoffe, dies für die kommenden 20 Jahre angehen und umsetzen zu dürfen. Dabei bleibe ich den Traditionen treu, so dass auch dieser Einband in einer Teilfarbe des Regenbogens ein Zeichen setzen soll. In Summe wird er dann vielleicht vor uns stehen. Als sichtbares Zeichen des Bundes.

Möge mir dies vergönnt sein. Zur höheren Ehre Adonais.

Wieder folgt auf jeden Lobgesang eine freie Seite, die für Deine Notizen vorbehalten ist. Hier kannst Du Deine eigenen Erlebnisse nach dem Impuls im Laufe des Monats oder auch später festhalten. Was Du als Sentiments empfindest, welche Assoziationen ausgelöst wurden, welche Reflexionen aus einem Gespräch sich ergaben oder auch welches weitere Sinnen mit Deinen Sinnen Du erlebt hast.

So wird auch der Lobgesang 2025 am Ende des Jahres Dein Lobgesang sein. So soll und wird es sein.

LOBGESANG 1: EINS

Der Chormeister hebt an, sanft singend,
der Chor hörbar zart mit und mit zueinander,
die Holzbläser schwebend psalmodierend.

I in ein,
sein seine Reisen,
kreisen, kreiseln, kreiselnd,
die Ideen aufrecht drehend
schwebend über freie Plätze,
bis sie alle sind besetzt,
das ganze Mosaik gesetzt,
für den Augenblick des Seins.
EINS und jetzt, hier.
Weiter kreisen, reisen,
seine EINS,
ein in … zu neuem Werden.

Dein Sentiment, Deine Assoziation, Deine Reflexion, Dein
Sinnen:

LOBGESANG 2: UNRUHE ZUR UMKEHR

Der Wortleiter hebt an, laut murmelnd für sich,
der Chor laut rufend und aufgebracht,
die Blech- und Holzbläser für sich still hörbar.

Nächtliche Unruhe, die mich schmerzt,
weil Deine nächtliche Unruhe.
Nehmen kann ich sie Dir nicht, aber sänftigen.
Wie ein Baum bin ich selbst umgefallen.
Ich sehe vor meinen Augen den schneegedrückten Wald:
Starke Bäume entwurzelt umgekippt,
auf schwache lastend drücken.
Auf dem Schnee die Tannenzweige, wie Gruft-Marken,
in der Luft die Advent-Duft-Marken.
Dahin gegangen vor der Ankunft.
In diesem Schauen stehst DU, mir Energie reichend.
Ich zwischen zwei Welten, Lebensweisen, Lebenszweigen.
Wie an einer Kreuzung oder vor einer Weiche.
Ich habe jeden Morgen meinen Wahlpunkt am Scheideweg.
Entweder er entscheidet für mich oder ich entscheide für
DICH.
Teils im Kopf durch Reflektion denkend,
teils mit den Sinnen auf das Zukommende ausrichtend,
im Wegkreuz jetzt das Treffen von Raum, Zeit,
Ausrichtung, hier fühlend.
Es zuppt an mir. Hier und da und dort.
Hinter mir liegendes, vor mir stehendes, in und um mir
regendes.
Alle wollen etwas von mir. Auch ich!

DU wirst mich begleiten, wirst auf und mit mir wachen, schützend, behütend.

Werde ich meinen Nächsten gerecht?

Schaffe ich die Umkehr?

Rückkehr auf den Weg? Ausrichtung auf DICH?

Dank sei DIR für die Freiheit und Geduld.

Es wird.

Mein Adonai, EINZIG EWIGER!

Dein Sentiment, Deine Assoziation, Deine Reflexion, Dein
Sinnen:

LOBGESANG 3: ELOHIM

Der Klanggruppenleiter hebt an, laut rufend,
der Chor miteinander singend,
Streicher, Holz- und Blechbläser wie Schlagwerk in
tanzendem Dreier-Rhythmus.

Ein L sich in meinem Munde bildet,
ohne vorauseilendem Vokal,
(stimmlos).
Die Zunge drückt leicht gegen den Gaumen
zur oberen Zahnreihe,
bildet den stimmlosen Klangraum für das L.
An Micha, Rafa und Gabri angelehnt,
das EL, Ha-Schem erscheint.
Mit Al zu alQuds, die heilige, die reine,
und elaha, alaha, Allah, der EINE und EINZIGE G'tt.
Dem jegliche Anbetung zusteht.
Zu alt geweitet aus Ewigkeit, immer da,
zu Halt bereit, mir gebend dies,
mich halte G'tt in DEINER Hand,
halten ganz, und ganz haltend.
Haltende Momente, im Flug der Zeit.
In diesem Augenblick die Zunge zuckt,
Lob schalt heraus, Preisung, Anbetung.
Dank, Lied, Schall, Klang.
Das Leben, l'chaim, Lobgesang.
Dank DIR Elohim, großer G'tt, EWIGER.
DU unser Adonai.

Dein Sentiment, Deine Assoziation, Deine Reflexion, Dein
Sinnen:

LOBGESANG 4: HAND

Der Chormeister hebt an, summend,
der Chor murmelnd miteinander tanzend,
die Streicher sphärisch hörbar, unterlegtes Beckensingen.

Adonai, EWIGER!
DEINE Hand und ich kennen uns.
Haben uns vor vielen Jahren nicht nur bekannt gemacht,
sondern erkannt sind wir und pflegen den Dialog.
DEINE Hand nach oben offen liegend bereit, mich
aufzunehmen.
Als kleines Wesen, das Wachsen und Kraft sammeln muss,
als altes Wesen, das kraftlos versucht noch Kraft zu tanken,
dazwischen in diesem Leben schenkst DU mir die Chance,
in DIR Kraft zu tanken, nachdem ich selbst alles versucht
habe.
DEINE Hand schwebt über mir, schützend nach unten
geöffnet.
Ich bin willig und mutig, Aufgaben im Leben anzugehen,
engagiert, bewusst mit all den Kräften, die mir gegeben
sind;
manchmal fehlt Orientierung, Weitblick, angemessene
Risiko-Einschätzung.
Schützend liegt DEINE Hand.
Manchmal schiebt DEINE Hand von hinten,
wenn Engagement oder Kräfte nachlassen,
die Frage der Sinnhaftigkeit im Raume schwebt.
Ich bin doch auf dem Weg,
DEIN Schubs bringt mich wieder in Fahrt auf diesem Weg.

Manchmal schwebt DEINE Hand mit der offenen Handfläche vor mir, auf mich zu.

Wie: Habe Achtung!

Ein Hinweis, dass ich vom Wege abgekommen bin;

mich verirre, verlaufe, verrenne.

Hier gibst DU mir die Hand-habe, darüber nachzudenken.

Freiheit zu entscheiden.

Am siebten Tag reichst DU mir DEIN Hören. Damit ich DIR berichte,

an, in, unter, vor DEINER Hand, die Kraft gespendet hat, Schutz und Mut zugesprochen, den kleinen Schubser oder die Warnung gereicht.

DEINE Hand kenne ich als Reichung und Zeichen.

Dank DIR Adonai für dieses liebevolle, elterlich stille Begleiten.

Dein Sentiment, Deine Assoziation, Deine Reflexion, Dein
Sinnen:

LOBGESANG 5: ZEIT

Der Chormeister hebt an, Zeit anhaltend singend,
der Chor in zwei Gruppen dialogisierend,
das Schlagwerk als Metronom Sekunden setzend, den
Nachhall im Becken tönen lassend.

Wohin geht die Zeit? So frage ich.
Da antwortet sie:
Hinter mir liegt das, das aus mir herauskommt,
vor mir liegt das, was auf mich zukommt.
Meine Aufgabe: Beim Ankommen dies mit Freude als
Aufgabe anzunehmen.
Ich bin überrascht und frage nach: Warum?
Die Zeit antwortet:
Ich bin im Jetzt. Hier.
Viele Menschen suchen bei mir nach der Herkunft.
Woher und warum? Sind damit beschäftigt, damit kaum in
der Zeit.
Einige schauen, was aus der Zukunft als Aufgabe sich
herleitet,
um daran jetzt zu arbeiten. Und sind nicht in der Zeit.
Wenn die Aufgabe kommt, haben sie keine Zeit,
weil sie mit der Vergangenheit, der Herkunft wie mit der
Zukunft, das Kommende vollauf beschäftigt sind.
Ich schaue auf die Zeit und frage: Wozu machst DU das
Zeit?
Sie antwortet: Die Zeit läuft!
Für dich, für die deinigen, für jeden irgendwann ab.
Nicht für mich.

Ewigkeit.

Und ich schaue den EWIGEN, der uns die Aufgaben zukommen lässt,

uns immer daran erinnert, wozu das Vergangene uns Sinn gibt.

Eine Gabe als Aufgabe.

Dank sei DIR Adonai, EWIGER, DU.

Dein Sentiment, Deine Assoziation, Deine Reflexion, Dein
Sinnen:

LOBGESANG 6: MEINE KINDER AUF DEN ERDEN

Der Chormeister hebt an, freudig singend,
der Chor miteinander den Choral erhebend,
die Holzbläser sakral Organoklang säuselnd.

MEINE Kinder auf den Erden,
bei Euren Namen werde ICH Euch rufen.
Zu Euch wird MEIN Messias-Reich kommen.

Euch ist die Freiheit geschenkt in und mit MEINEM Willen zu leben. Für jeden werde ICH als persönlicher Begleiter Dasein, der ICH Dasein werde.

Euer tägliches Brot wird gesichert sein. Eure Aufgabe wird das gerechte Teilen unter Euch sein. Ihr werdet Euch in dieser Aufgabe immer wieder üben.

An Euch wird es liegen, miteinander in Frieden zu leben, Euch einander zu entschulden, in Respekt und Wahrhaftigkeit, früher oder später, aber beizeiten.

MEINE Gnade wird Euch gewährt.

Ihr werdet Euch nicht gegenseitig in Versuchung führen; es ist das erzeugte, geschaffene Leid nicht wert, dass Ihr Euch und anderen zuführt.

Ihr werdet Euch von der Last erlösen und einander ein Licht sein.

Dann werdet Ihr in das ewige Messias-Reich mit seiner Messias-Kraft und strahlenden Messias-Herrlichkeit eintreten.

Ihr werdet MIR alle Willkommen sein, Ihr, MEINE Kinder auf den Erden.

Amen.

Dein Sentiment, Deine Assoziation, Deine Reflexion, Dein
Sinnen:

LOBGESANG 7: RUHEN UND ERWACHEN

Der Wortmeister hebt an, flüsternd,
der Chor singend figurierend,
die Streicher den Raum füllend markierend.

Zum Ruhen hast DU Ruth gerufen,
ins Leben hast DU Sander gesandt;
die einen schauen auf den Lauf des Lebens,
die anderen auf DEINE schöpfende Hand.
Das Werden, Gehen und Vergehen,
Das Stehen, Anstehen, Auferstehen,
Das Sein in DIR, jetzt hier,
und da und dort,
in Zeit und Raum, allerorten
DEIN Segen braust als Ruach immer;
Manch einer fühlt es nimmer,
taub, blind sind seine Sinne,
gefühlsblau durch Irrung, Wirrung ganz von Sinnen.
DU zeigst DICH uns mit aller Macht,
öffnen für das Geschenk als unser Herzen lacht.
Erwecken müssen wir uns,
Erwachen aus,
Öffnen zu.
Dank sei DIR Adonai,
DU lässt die Freiheit uns.
Welch Geduld DU mit uns hast.
Danke sei DIR Adonai.

Dein Sentiment, Deine Assoziation, Deine Reflexion, Dein
Sinnen:

LOBGESANG 8: BLATT

Der Chorleiter hebt an, säuselnd,
der Chor zwitschert miteinander,
die Streicher und Bläser mit hörbarem Klangteppich.
Becken summen sanft unüberhörbar.

Im Herbst das Blatte in Bewegung kommt,
nicht nur durch Wind oder Hauch, durch Regen oder
Nebel.
Schon lange zuvor sich in dem Blatt die Ströme ändern,
Wandlungen der Stoffe, Schaffen von Luft,
durch Reinigen der Luft, saurer Stoff aus der Kohlensäure
entweicht,
Zuckernährstoff für sich behaltend.
Zurückfließen die Stoffe in DEINER Welt, sammeln sich
und hinterlassen Mineralien.
An der Färbung des Blattes lesen wir den Grund ab, den
Urgrund im Boden.
Mal eher rot und Eisen verkündend, mal eher blass und
anderes vermeldend.
Dann wird der Halt zum Haltenden mit und mit schwächer.
Von selbst oder doch angeschubst löst sich das Blatt und
segelt langsam erdwärts.
Manch ein Tanz endet früher, ein andermal gibt es einen
erneuten kurzen Auftrieb,
dennoch kein erneutes Andocken oder Einpflocken, auch
kein Aufpfropfen.
Sanft meist legt sich das Blatt und beginnt seine letzte Reise.

Langsam nach dem Welken kommt ein weiteres metamorpheren.

Ein langsames Zersetzen über ein Kompostieren,

Elemente bereitstellen für ein neues Komponieren.

Das ‚st' wird durch ein ‚n' getauscht, das St-erben wird zum N-euwerden.

Schöpfen ist heben. Schenken als Segen. Hauchen des Odem.

Das vermeintlich leblose Element findet Halt in einer beseelten Gestalt.

So muss das Blatt sich wandeln.

Weder Opfer sein noch Leid verspüren, sondern im Fluss der Ewigkeit für einen Augenblick so schwingen im Bund und Verbund.

Dank sei gesungen, Lob gepriesen, Leuchten in unseren Augen.

DIR, unserem G'tt Adonai.

Dein Sentiment, Deine Assoziation, Deine Reflexion, Dein
Sinnen:

LOBGESANG 9: ZWEIG ODER BIEGUNG

Der Chorgruppenleiter hebt an, führt lobend,
der Chor singt zuversichtlich laut,
die Blechbläser gerade hörbar laut.

Ein Zweig am Baum,
weniger als der Baum,
nicht der Stamm,
nicht die Wurzel,
aber ein Zweig,
Er steht in manchen Gegenden in den Vasen,
wartet dort auf sein Erblühen,
meist vor der Jahreszeit, da das Klima natürlich künstlich
ist.
Danach ereilt den Zweig ein frühvollendetes Ende.
Verkürzte Lebenszeit, frühes Blühen, frühes Verblühen,
Absterben.
Der Abzweig biegt vom Wege ab.
In Gegenrichtung wird dann eingebogen.
Es hört sich verbiegend gewaltig an.
Kraftanstrengung gegen die Natur.
Ein sich hineindrücken in den Weg.
DEIN Weg sucht kein Verbiegen, aus Freiheit dürfen wir
uns bewegen.
Ohne Anspruch, ohne Erwartung. Als freier Zweig ins
Leben hinein uns lieben.
Einzig der andere Mensch ist zu achten, wie jeder ein Kind
der Schöpfung.
Gedenk dass du nicht willst, was dir man tut.

Schaffe ich das? Bin ich ein reifer Zweig?
G'TT, stehe mir bei!

Dein Sentiment, Deine Assoziation, Deine Reflexion, Dein
Sinnen:

LOBGESANG 10: NUSS

Der Chormeister hebt an springtanzend zu singen,
die Solisten singen schweben tanzend hörbar laut,
der Chor schunkelt hauchend,
das Orchester sich drehend noch so eben hörbar.

Ein Eichhörnchen beobachte ich!

Zwischen seinen kleinen Händchen hält es eine Nuss.

Sie wirkt so riesig vor dem Kopf.

Die Hauer wollen an das Innere heran.

Ich bestaune die Kräfte und die Haltung des Tieres.

Geschaffen für diesen Moment. Nicht nur, aber auch.

Wer knackt die Nuss? Ein Ratespiel.

Für das Tier ist er überlebenswichtiger Ernst.

Da hier kein Bier im Spiel: ist das bierernst?

Oder kann das Tier mit Freude sich an die Nussaufgabe
machen?

Die Aufgabe ändert sich nicht. Die Nuss ist zu knacken, mit
Freude genauso wie mit Wut und Ärgernis.

Mein Eichhörnchen bleibt gelassen. Keine Anzeichen von
Verdruss.

Es nimmt sich Zeit und hat Vertrauen in seine Fähigkeiten.

Woher dieses Vertrauen wohl stammt?

Von seinen Eltern? Und woher stammte es bei den Eltern?

Übrigens ist das Tier vergesslich.

Nicht alle seine eingelagerten Vorräte findet es wieder.

Manche entfalten sich zu später großen Bäumen und
Sträucher.

Aber das Tier erfüllt auch damit seine Aufgabe.

DEIN Geheimnis liegt im offen vor uns liegenden
Lebensbuch.

Dank wird DIR gesungen.

Unser Adonai, unser Schöpfer.

Dein Sentiment, Deine Assoziation, Deine Reflexion, Dein
Sinnen:

LOBGESANG 11: HASS

Der Chormeister hebt an, laut und deutlich Schuldspruch
sprechend,
der Chor raunend zischend,
das Schlagzeug zur Exekution führend, dann: plötzlich still.

Wer entzündet den Hass?
Das Böse? Der Mensch? Wer? Was?
Hilf uns HERR, dies mit uns offen und klar auszudrücken!
Lass uns dies aussprechen, nicht verbiegen!
Wir sind es! Jeder einzelne von uns! Immer wieder!
Selbst wenn wir dies selbst nicht auslösen: Wir!
Weil wir es repetieren! Wie das Repetiergewehr!
Ins gleiche Horn stoßen. Gewaltsam stoßen und bedrängen!
Uns einspannen lassen! Trotz Reflexionsfähigkeit, dumpf
nachplappern, liken.
Wir sind Multiplikatoren des Bösen. Damit dafür
verantwortlich.
Nicht mitschuldig. Nein: Schuldig!
Nicht verführt, sondern selbst zum Verführenden
geworden. Schuldig!
Keine Frage von ‚im Sinne der Anklage', schon wieder
verschiebend. Schuldig!
Nein: Selbst schuld, schuldig, böse.
Auch wenn wir einen Menschen anschauen, die dunklen
Augen unter einem wirren dunklen Haarwuchs, mit dunklem
Hauttyp und schon verurteilen.
Wir sind schuldig! Sofort!

Wir können uns nicht entschulden durch das vermeintlich ‚Böse‘, das nicht geschaffen in uns dies schafft.

Verbannen wir die Mitschuld.

Hören wir auf, Schuld zu teilen, um unseren Anteil zu reduzieren.

Dies zu entschlimmen.

Und damit mit und mit über ein Verharmlosen zu relativieren.

ELOHIM, steh uns bei im ehrlichen Denken.

ELOHIM, steh uns bei im ehrlichen Sprechen.

ELOHIM, steh uns beim im ehrlichen Handeln.

Auch wenn als menschlich tituliert, ist dies nicht ohne persönliche Vorsprache entschuldbar.

Dein Sentiment, Deine Assoziation, Deine Reflexion, Dein
Sinnen:

LOBGESANG 12: RÜCKWÄRTS

Der Chorleiter hebt an, strahlend singend,
der Chor strahlend lobsingend,
das Schlagwerk und die Blechbläser freudig singend,
Streicher leise im Ausklingen apotheosierend.

Der Zug hat die Richtung geändert.
Fährt er nun rückwärts? Oder immer noch vorwärts?
Durch die Zeit fühlen wir immer eine Richtung.
Und im Raum?
Und in der menschlichen Begegnung?
Umkehr ist ein zurück auf den Weg.
Aber nicht ein Zurück zum Alten.
Denn der Weg geht vorwärts.
Nur über einen anderen Steig, einen anderen Zweig,
Der Abzweig zuvor war nicht richtig.
War er dennoch nötig? Erkenntnisgewinn durch und aus Fehler?
Ist es dann ein wieder Einbiegen?
War es ein Umweg? Oder war es eine Abkürzung?
Wie weltlich mein Denken, mein Horizont, meine Stirn.
Unser Weg ist nicht immer geradlinig. Auch wenn es unser Bestreben ist.
Unser Weg ist unser Lebensbaum.
Wir haben Wurzeln, einen Stamm, Äste und Zweige.
Hin und wieder sitzen wir auf der falschen Seite es Astes.
Dann müssen wir umkehren, um vorwärtszukommen.
Adonai, schenke uns das einfühlsame Hören auf die innere Stimme zur rechtzeitigen Umkehr.

Selbst wenn es ein zartes Raunen ist.
Weniger als ein Hauch im Blätterwald.
Nur eine Ahnung von lauem Lüftchen.
Dank sei DIR im Danklied vorab gesungen.
Amen. Adonaii ELOHENU, Adonai ECHAD.
Amen.

Dein Sentiment, Deine Assoziation, Deine Reflexion, Dein
Sinnen: